초판 1쇄 인쇄 2022년 10월 25일
초판 1쇄 발행 2022년 10월 31일

글그림 돤장취이 스튜디오
옮김 김영미

발행인 심정섭 **편집장** 안예남
편집담당 이주희 **제작담당** 오길섭
출판마케팅담당 경주현
디자인 중앙아트그라픽스

발행처 (주)서울문화사
등록일 1988년 2월 16일
등록번호 제 2-484
주소 서울시 용산구 새창로 221-19
전화 (02)799-9168(편집), (02)791-0752(출판마케팅)

ISBN 979-11-6923-096-4
ISBN 979-11-6923-021-6(세트)

원시인의 하루

오늘은 어디서 잘까?

글그림 **돤장취이 스튜디오**

2011년부터 아동서 분야의 해박한 전문 지식과 열정으로 300여 타이틀의 아동서를 제작하였습니다. 그중 〈숲속의 작은 기차〉는 중국 도서 평론 학회의 '2015년 중국의 좋은 책' 대상 등 여러 상을 받았으며, 〈식권〉은 제 3회 앨리스 그림책 은상을 받았습니다. 〈고대인의 하루〉 시리즈 중 〈황제의 하루〉는 '중국 초등학생 필독 도서 목록' (2020년) 2학년 도서 목록에 수록되었습니다.

옮김 **김영미**

이화여자대학교 통번역 대학원 한중과를 졸업하였습니다. 저작권 에이전시에서 중국어권의 좋은 책을 소개하고 있으며, 어린이를 위한 좋은 책 번역에도 힘쓰고 있습니다.

작가의 말

불로 밥을 짓고 옷을 입고 꾸미는 등의 일은 우리에게 매우 당연하고도 간단한 일이지만 사실 우리의 조상들이 그 기술을 익히기까지는 긴 시간이 필요했습니다. 이 과정은 인류 진화의 역사라는 긴 흐름에서 백 년, 천 년 아니 백만 년이나 차지하는 시간이지요.

〈원시인의 하루〉 시리즈에서는 인류 진화 역사의 중요한 단계들을 하루로 압축하여 보여 주려 합니다. 원시인은 어떻게 도구 사용법을 배웠을까요? 그리고 어떻게 불을 발견하고 그 용도를 알게 되었을까요? 또 원시인은 어떻게 집을 지었을까요? 원시인의 하루를 통해 우리의 조상들이 척박한 환경에서 어떻게 맹수와 자연재해에 맞서 싸우며 세상에서 가장 경쟁력 있는 존재가 되었는지 알아봅시다.

이 책에서는 떠돌아다니던 원시인들이 동굴을 차지하기 위해 어떻게 맹수와 싸웠는지, 어떻게 동굴에서 집으로 옮겨 가게 되었는지를 보여 줍니다. 주거 환경이 개선되면서 원시인의 생존력은 강해졌고, 땅을 파서 굴을 만들거나 나무 위에 천막을 쳐서 집을 만드는 등 지역별로 다른 거주 방식도 보여 줍니다. 물론 지금 우리의 눈에는 조건도 열악하고 시간이 오래 걸리는 등 보잘것없어 보이지만 이러한 작은 시도들로 인해 원시인들은 조금씩 문명의 세계로 나아갈 수 있었습니다.

〈원시인의 하루〉 시리즈는 원시인의 의식주와 생존 방법을 하루라는 시간 동안에 글과 그림으로 보여 주면서 인류 진화의 역사를 알려 줍니다. 어린이 독자들은 자신의 하루 생활과의 비교를 통해서 조상들의 일상을 생생하게 느낄 수 있는 특별한 독서 체험을 하게 될 것입니다.

장주오밍

2021년 3월

차례

책을 읽기 전에 11

1. 동굴을 찾아라! 대자연 속 12

2. 직접 만들면 돼! 16

3. 신기한 동굴 사람이 만든 20

4. 새로운 집을 만들자! 24
5. 쉼터가 된 나무 28
6. 둥지를 만들어 볼까? 32
7. 호수 위에서도 살 수 있어! 36

동굴의 변화 40
간단한 야생 집 만들기 41
집의 발전 과정 42
원시인의 시간 측정법 44

책을 읽기 전에

우리가 사는 현대에는 농촌과 도시 어디에서나 여러 모양의 건물들을 볼 수 있습니다.
집도 있고 학교도 있고 공장도 있지요. 수많은 건물들 중 특히 주거 목적으로
만든 곳이 가장 많은데 그 안에는 다양한 사람들이 살고 있습니다.
주거 목적으로 만든 곳, 바로 '집'은 우리에게 가장 익숙하고 편안한 곳이기도 하죠.
그런데, 여러분은 혹시 원시인들이 어디에서 잠을 자고 하루를 보냈는지 알고 있나요?
원시인들의 생활 조건은 매우 열악했는데 그들은 집이 무엇인지조차 몰랐으니
애초에 집을 만든다는 것도 불가능했지요. 밖에서 먹고 자는 것이 당연했습니다.
그러다 보니 원시인들은 비바람을 피할 수 있는 곳을
찾기 위해 많은 어려움을 이겨 내며 연구를 거듭해야 했습니다.
그럼 우리 함께 원시 시대로 가서 원시인의 집은 어떤 모습이었는지 알아볼까요?

1. 대자연 속 동굴을 찾아라!

가장 최초의 인류는 지낼 곳이 정해져 있지 않았고 집이 무엇인지조차 몰랐습니다. 원시인들은 비바람을 피하기 위해 동굴에 들어가 지냈지요. 이러한 동굴들이 원시인들의 첫 번째 집이 된 셈이었습니다.

원시인 대백과

산 정상 동굴 유적

1930년, 고고학자들은 중국 베이징의 저우커우뎬 룽구산 정상에서 구석기 시대 인류가 살았던 천연 동굴을 발견했습니다.

비바람을 피할 수 있는 곳은?

원시인은 정해진 곳에서 생활하지 않았기 때문에 비바람을 만날 때마다 적당한 장소를 찾아 몸을 숨겼습니다. 하지만 벼락이 치면 나무가 쓰러질 수도 있다는 점은 미처 생각하지 못했습니다.

좋은 장소를 찾다.

가까스로 비를 피할 수 있는 곳을 찾았지만,
문제는 거기서 끝나지 않았습니다.

종종 동굴에 맹수들이 살고 있는 경우도 있었기 때문에 원시인은 맹수와 싸워서 동굴을 차지해야 했습니다.

지식 쏙쏙

번개가 치는 날에 나무 아래에서 비를 피하는 것은 위험했습니다. 나무에는 벼락이 자주 떨어지는데 혹시라도 벼락에 맞으면 기절하거나 심지어는 죽을 수도 있었기 때문입니다. 나무에서 떨어져 있다고 해도 벼락은 나무줄기를 통해 땅바닥까지 퍼지기 때문에 위험했습니다.

여러 가지를 얻게 되다!

치열한 사투 끝에 원시인들은
곰을 이기고 동굴을 차지했습니다.

꿈나라로 갈 준비를 하다.

온종일 뛰어다니던 원시인들은
드디어 동굴에서 편안히 잠들 수
있었습니다.

동굴을 고르는 방법

천연 동굴은 원시인이 가장 처음 머물러 살게 된 곳입니다. 여러분도 동굴 생활을 체험해 보고 싶나요? 그렇다면 어떤 동굴이 살기에 적합한지 미리 알아 두세요.

1. 동굴의 입구가 바람을 등지고 해가 뜨는 쪽으로 나 있어야 합니다.
2. 동굴 안이 비교적 건조해야 합니다.
3. 땅에서 그렇게 높지 않은 곳에 있어야 합니다.
4. 근처에 물이 흐르고 있으면 좋습니다.

지식 쏙쏙

천연 동굴은 원시 사회에서 원시인들이 머물기 좋아하던 '집'이었습니다. 이처럼 동굴에서 사는 방식을 '혈거'라고 합니다.

집을 짓는 방법을 모르던 때의 원시인들에게 동굴은 비바람을 막아 주고 맹수의 위협으로부터 안전할 수 있게 지켜 주는 장소였습니다. 또한 동굴은 원시인들의 창작 공간으로도 사용되었습니다. 최초의 동굴 벽화는 몇만 년 전으로 거슬러 올라가는데 원시인들은 사냥, 채집, 제사를 지내던 모습, 그리고 세상에 대한 자신들의 생각을 모두 벽에 기록하였습니다. 이러한 벽화들은 오늘날 우리가 원시 인류를 연구하는 데에 있어서 매우 중요한 자료로 사용되고 있습니다.

2. 직접 만들면 돼!

천연 동굴은 쉽게 찾을 수 있는 곳이 아니었고 맹수와도 자주 싸워야만 했습니다. 그러나 아무리 무기가 있다 한들 원시인이 맹수의 상대가 될 리 없었습니다. 그래서 황토가 많은 고원 지대에 살던 원시인들은 직접 동굴을 파기 시작했습니다.

원시인 대백과

인공 동굴의 탄생

천연 동굴의 수가 부족하다는 점은 동굴을 직접 만들 수밖에 없다는 생각을 불러일으켰습니다. 원시인들은 간단한 도구를 이용해서 산등성이에 동굴을 파기 시작했습니다. 이러한 동굴들은 평범해 보이지만 인류 건축 역사상 매우 중요한 단계였습니다.

집은 반드시 필요해!

고원 지대에는 천연 동굴이 충분하지 않았기 때문에 원시인들은 생존의 위험에서 벗어나기 위한 노력에 박차를 가했습니다.

원시인은 언덕 위의 쥐 무리들을 관찰하기 시작했습니다.

구덩이를 점점 더 깊게 파기 시작했습니다.

파낸 구덩이에서 사람이 잘 수 있다는 것을 알게 되었습니다.

땅을 파서 만들다.

원시인은 드디어 새로운 주거 방식을 만들어 냈습니다.

축하해!

맛있는 음식을 나눠 먹으면서 새로운 집으로 이사 온 기쁨을 나누었습니다.

지식 쏙쏙

고고학자들이 한쪽은 무디고 다른 쪽은 날카로운 도구를 발견하였는데, 날카로운 쪽으로는 땅이 쉽게 파진다는 것을 발견하였습니다.

이 도구의 발견을 통해 오래전 원시인들이 석기로 동굴을 만들었다는 것을 알 수 있었습니다.

그러나 아무 곳에서나 동굴을 팔 수 있었던 것은 아니었습니다. 지층이 두껍고 토질이 균등하며 쉽게 무너지지 않는 황토 지대가 적합했습니다.

3. 사람이 만든 신기한 동굴

고원 지대에서 사는 원시인들은 인공 동굴을 만들어 주거 문제를 해결하였습니다. 그러나 평원에 사는 원시인들은 지대가 평탄해서 동굴을 팔 수 있는 비탈을 찾기 힘들었기 때문에 그들에게 주거 문제는 여전히 큰 문제였습니다.

풀숲은 별로야!
새처럼
나무 위에 살자!
이렇게 해서 언제 다 파지?
일단 해 보자.
떨어질 것 같은데? 그리고
나무 위에서는 몇 명 못 살아.

좋은 생각이 나다!

지렁이가 구멍을 파는 것을 보고 좋은 방법이 떠올랐습니다.

결국 방법을 찾아내다.

먼저 나무 막대 하나를 구덩이의 중앙에 꽂아 기둥으로 삼았습니다.

천막을 치자!

나무줄기, 덩굴, 마른풀 등으로 지붕을 만들어 덮었더니 들어가서 생활할 수 있는 구덩이가 완성되었습니다.
평원 지대의 원시인들도 알맞은 주거 방식을 찾게 된 것입니다.

4. 새로운 집을 만들자!

깊은 구덩이는 빛과 바람이 잘 들지 않았고 출입하기에도 불편했습니다. 결국 오랜 노력 끝에 구덩이를 개선하여 겨울에는 따뜻하고 여름에는 시원한 반지혈식* 집을 만들었습니다.

*반지혈식: 구덩이의 깊이를 무릎 정도까지 파내어 보온 등의 효과를 높이는 방식

원시인 대백과

원시 부락 유적지

중국의 산시성에서 약 6000년 전의 대형 원시 부락이 발견되었습니다. 이 부락의 집들은 전형적인 반지혈식으로 주거지, 토기를 굽는 가마터, 공동묘지 이렇게 세 부분으로 나뉘어 있었습니다. 집 부근에는 물건을 저장하는 토굴과 가축을 키울 수 있는 울타리도 있었습니다.

새로운 집을 만들다.

원시인들은 새로운 집을 만들기 시작했습니다.

지식 쏙쏙

반지혈식 집은 지하에서 거주하던 인류가 지상으로 올라오게 되는 과정에 있는 중요한 형식의 집입니다.

완성되어 가는 집!

집이 점점 모양을 갖추기 시작했습니다.

단단하게 마무리하다!

불로 벽과 지붕을 딱딱하게 굳힌 후 마지막으로 화덕까지 만들면 새로운 집이 완성됩니다.

지식 쏙쏙

바닥이 깊은 집은 통풍이 잘 되지 않아서 실내에 화덕을 만들지 않았습니다. 그러나 반지혈식 집은 통풍이 비교적 잘 되는 편이라 화덕을 만들 수 있었습니다.

이러한 반지혈식 집은 비바람을 막아 주고 겨울에 따뜻해서 북부 지방의 날씨에 적합했습니다.

새로운 집에서의 편안한 생활

여러 차례의 시행착오 끝에 드디어 통풍이 잘 되는 집을 짓게 되었습니다.

5. 쉼터가 된 나무

평원 지대의 원시인들은 집을 지어 주거 문제를 해결할 수 있었습니다. 그렇다면 숲에 사는 원시인들은 어땠을까요? 그들은 또 다른 주거 방식을 택했는데 그것은 바로 나무 위에서 사는 것이었습니다.

모기 때문에 괴로워!
더워서 못 살겠다. 목욕 좀 하자!
차라리 물속에 있는 게 편해!

잠자기는 힘들어!

숲속의 원시인들은 편하게 잠을 잘 수 없었습니다.

다가오는 위험

축축한 땅에는 독을 가진 벌레들이 많았고
주변에는 맹수들의 위험이 깔려 있었습니다.

지식 쏙쏙

남쪽의 숲에 사는 원시인들에게 닥친 가장 큰 위협은 습한 날씨로 인한 모기와 독사, 맹수의 공격이었습니다.

나무 위로 올라가야 해!

땅보다 나무 위가 안전했지만, 나무 위도 후덥지근하기는 마찬가지였습니다.

맹수의 위협이 적긴 했지만 나무 위에서 생활하는 것도 그다지 안전하지는 않았습니다.

나무 위에서 자다.

한두 사람 정도는 나무 위에서 그럭저럭 지낼 수 있었습니다. 하지만 이 방법은 임시방편일 뿐이었습니다.

6. 둥지를 만들어 볼까?

나무 위에서 지낼 방법을 고민하던 원시인들은 새 둥지에서 아이디어를 얻어 집을 만들었습니다.

원시인 대백과

나무 위의 집

원시인들은 자연환경의 영향을 많이 받았습니다. 남쪽은 비가 많이 와서 기온이 높고 습했습니다. 그러다 보니 식물도 많았고 수심도 깊은 편이었습니다. 이러한 자연조건으로 인해 나무 위에 집이 생기게 되었습니다.

여기서 떨어져도 괜찮은 거야?
아버지, 우리도
나무 위에 큰 집을
짓고 사는 게 어떨까요?
아이코!

새알을 챙기다.

숲에 사는 원시인들은 나무 위의 둥지에서 새알을 가져갔습니다.

새에게서 힌트를 얻다!

어느 날 원시인들은 새 둥지를 보다가 좋은 생각이 떠올랐습니다.
새처럼 나무에 큰 집을 짓는다면 모두 올라가서 살 수 있지 않을까 하는 것이었습니다.

지식 쏙쏙

새는 마른풀과 나뭇가지, 그리고 진흙으로 둥지를 만들어 새끼들을 키우고 생활했습니다.

한다면 한다!

먼저 나뭇가지로 틀을 만들고 덩굴을 이용해서 엮은 다음 틀 위에 마른풀을 얹었습니다.

드디어 완성!

여러 번 실패를 거듭한 끝에 드디어 커다란 '둥지'를 만들었습니다.

지식 쏙쏙

나무 위에 만든 집은 생각보다 비좁았습니다. 똑똑한 원시인은 네 그루의 큰 나무 사이에 집을 지으면 공간이 더 넓어질 것이라고 생각했습니다.

나무 위에 침대 만들기

원시인들처럼 나무에서 자고 싶다면 나무 침대를 만들어 볼 수 있습니다.

1. 서로 가까이에 있는 네 그루의 나무들을 기둥으로 삼습니다.
2. 기둥과 기둥을 긴 나무 막대기로 연결한 뒤 단단히 묶습니다.
3. 가운데 공간에 다시 나무 막대기를 대어 침대의 틀을 만듭니다.
4. 잎, 풀 혹은 다른 부드러운 재료들을 틀 위에 덮어 깔개처럼 만듭니다.

실제로 나무를 훼손하면 안 되므로, 일회용 나무젓가락 등으로 만들어 보세요!

7. 호수 위에서도 살 수 있어!

오랜 노력 끝에 정글의 원시인들은 습기와 벌레로부터 자유롭고 편리한 호상 가옥*을 짓게 되었습니다.

*호상 가옥: 호숫가에 있는, 말뚝 위에 지은 집

원시인 대백과

호상 가옥 유적지

중국 양쯔강 중하류에 신석기 시대 초기의 유적지가 있습니다. 약 7000여 년 전의 유적지로, 이 지역은 고온 다습하고 물자가 풍부하여 원시인들이 모여 살았으며, 원시 농업도 발달하였습니다.

땅 위에 집을 짓다.

도구가 발달하고 경험이 쌓이면서 원시인들은 습한 지역에 적합한 집을 지을 수 있었습니다.

지식 쏙쏙

원시인들은 받침대와 땅바닥 사이의 공간에서 가축을 기르거나 물건을 보관했습니다.

땅에 말뚝이 잘 박히도록 말뚝의 끝은 뾰족하게 깎았습니다.

새 집은 정말 좋았다.

나무 위의 집과 달리 이번 집에서는 오르락내리락할 필요가 없었습니다.

지식 쏙쏙

보통 대나무를 사용해서 만든 호상 가옥은 바닥과 떨어진 구조였기 때문에 통풍이 잘 되고 해충과 뱀을 피할 수 있었습니다.

또한 호상 가옥은 비가 많고 습한 환경에 잘 맞고, 가축도 사육할 수 있으며, 물건도 보관할 수 있는 여러 가지 기능이 있었기 때문에 수천 년이 지난 지금까지도 계속 사용되고 있는 형태입니다.

동굴의 변화

천연 동굴을 첫 번째 집으로 삼던 원시인들은 계속해서 집을 발전시켰습니다.

절벽 아래에 동굴을 팠습니다.

비탈진 땅에 동굴을 팠습니다.

이동이 가능한 지붕을 덮었습니다.

나뭇가지와 잎, 풀을 이용해 입구를 가린 자루 모양의 동굴을 만들었습니다.

집 안에서 불을 피울 수 있었습니다.

땅 위로 벽을 올리게 되었습니다.

간단한 야생 집 만들기

천연 동굴이나 나무 위 둥지에서 살던 원시인들의 생활을 경험해 보고 싶다면 직접 만들어 봅시다.

양쪽 삼각 지붕

1. 길고 튼튼한 나무 막대를 약 1m 높이의 나무둥치에 가로로 놓습니다.
2. 여러 개의 나무 막대를 가로로 놓인 나무 막대를 중심으로 양쪽으로 엇갈리게 놓습니다. 이때 양쪽에 놓은 막대와 지면이 삼각형이 되도록 하면 좋습니다.
3. 나무줄기나 덩굴로 나무 막대들을 엮어 그물 모양으로 만듭니다.
4. 풀이나 나뭇잎을 그물 모양 위에 덮습니다.
5. 묵직한 나뭇가지를 얹어 풀이나 나뭇잎이 바람에 날리지 않도록 합니다.
6. 안으로 들어간 후 미리 준비한 나뭇잎이나 풀로 출입구를 막습니다.

한쪽 삼각 지붕

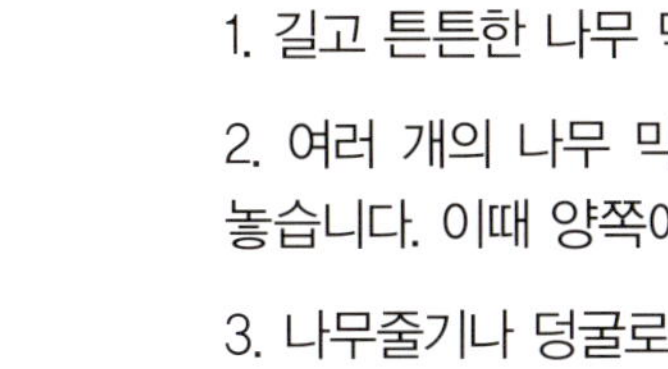

두껍고 튼튼한 나무 막대 2개를 2m 정도 간격을 두고 땅에 꽂습니다. 이 2개의 기둥이 지지대가 됩니다.

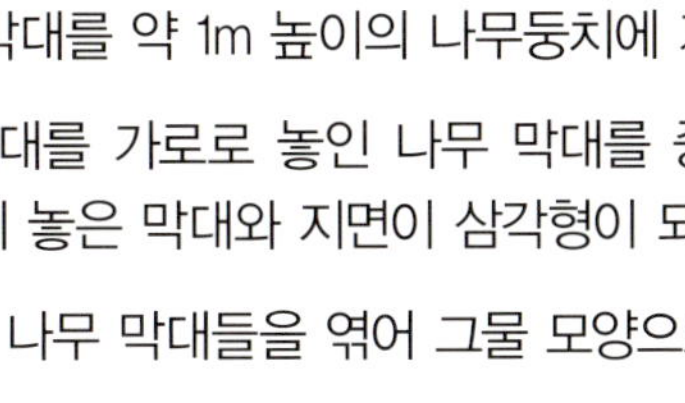

지지대에 나무 막대 하나를 가로로 놓아둡니다.

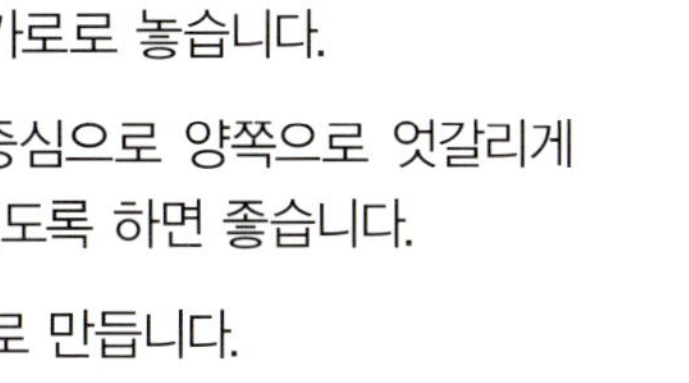

6개에서 8개의 긴 막대를 지지대에 기대어 세웁니다. 이때 긴 막대의 밑 부분은 바닥에 꽂히도록 합니다.

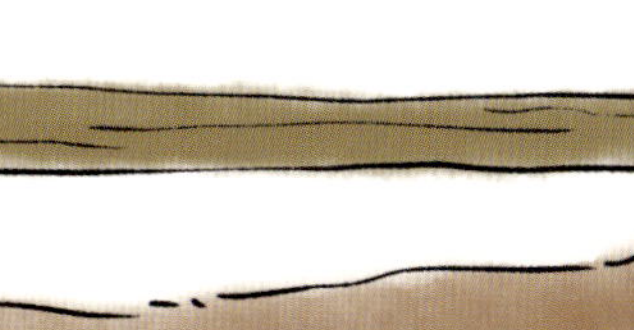

가느다란 나뭇가지 또는 덩굴을 긴 나무 막대에 교차시켜 격자무늬를 만듭니다.

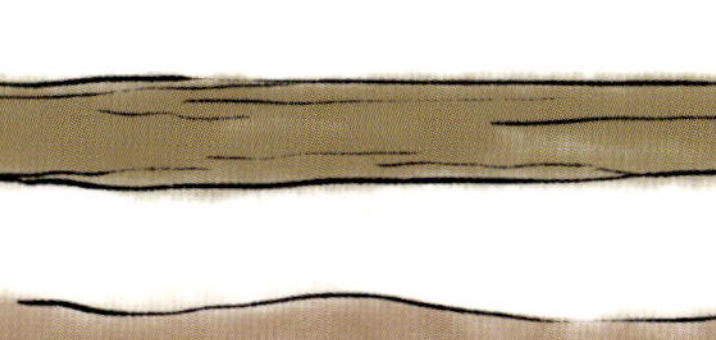

나뭇잎을 격자무늬 위에 얹습니다. 이때 반드시 아래에서 위로 쌓아야 합니다.

집의 발전 과정

약 600만 년 전

야외에서 생활했습니다.

약 50만 년 전

동굴에서 살았습니다.

약 9000년 ~ 7000년 전

튀르키예의 차탈회위크에서 인류 역사 최초의 도시가 탄생하였습니다. 이때 흙으로 만든 벽돌을 이용하여 지었습니다.

약 9000년 전

도업*이 나타나면서 사람들은 벽돌로 집을 만들기 시작했습니다.

*도업: 흙을 구워서 도자기, 벽돌, 기와 따위의 물건을 만드는 공업

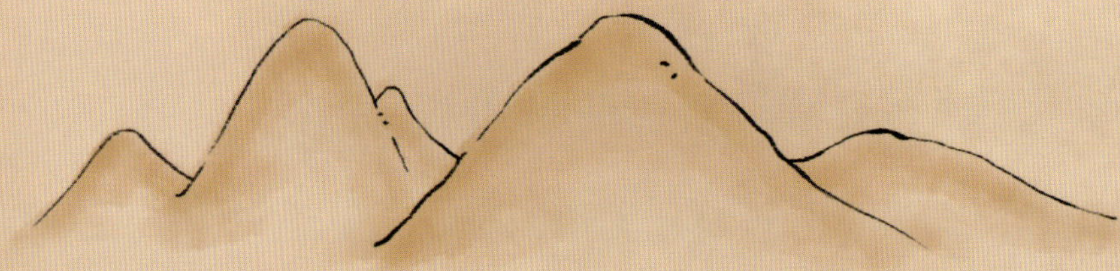

약 7000여 년 전

유럽에서는 거대한 돌로 사원을 짓기 시작했습니다. 중국의 양쯔강 유역에서는 호상 가옥을 지었습니다.

약 6000여 년 전

반지혈식으로 집을 지었습니다.

약 20만 년 전

동물의 가죽과 나뭇가지로 간단한 집을 지을 수 있게 되었습니다.

약 2만 년 전

지붕은 원추형이고 집은 원형에 가까운 지름 약 5m의 집을 지었습니다. 집의 바닥은 주위의 바닥보다 조금 낮고 석회암 석판을 깔았습니다. 나무 막대를 지붕틀로 삼아 위에 나뭇가지와 짐승의 가죽을 덮었습니다.

약 1만 1천 년 전

튀르키예에 인류 최초의 신전인 괴베클리 테페가 생겼습니다.

약 1만 년 전

마을이 생겼습니다.

약 4000여 년 전

영국은 신전을 짓기 시작했습니다.

약 2000년 전

마야인들은 돌로 건축을 시작했고 대규모 도시를 형성했습니다.

원시인의 시간 측정법

원시 사회 사람들은 시간을 알 수 있는 도구가 없었지만 해와 하늘의 색을 관찰하며 활동을 시작했습니다. 예를 들어, 하늘이 밝아지면 나가서 먹을 것을 찾고, 해가 지면 누워서 자는 식이었습니다. 흐린 날에는 해가 없었지만 그동안의 경험에 비추어 시간을 확인했습니다. 배가 고프면 식사 시간이고 졸리면 취침 시간으로 생각하는 방식이었습니다. 그래서 이 책에서도 원시인들의 방법에 따라 대략적으로 시간을 나누었습니다.